AF451950

LA LANTERNE

INDUSTRIELLE

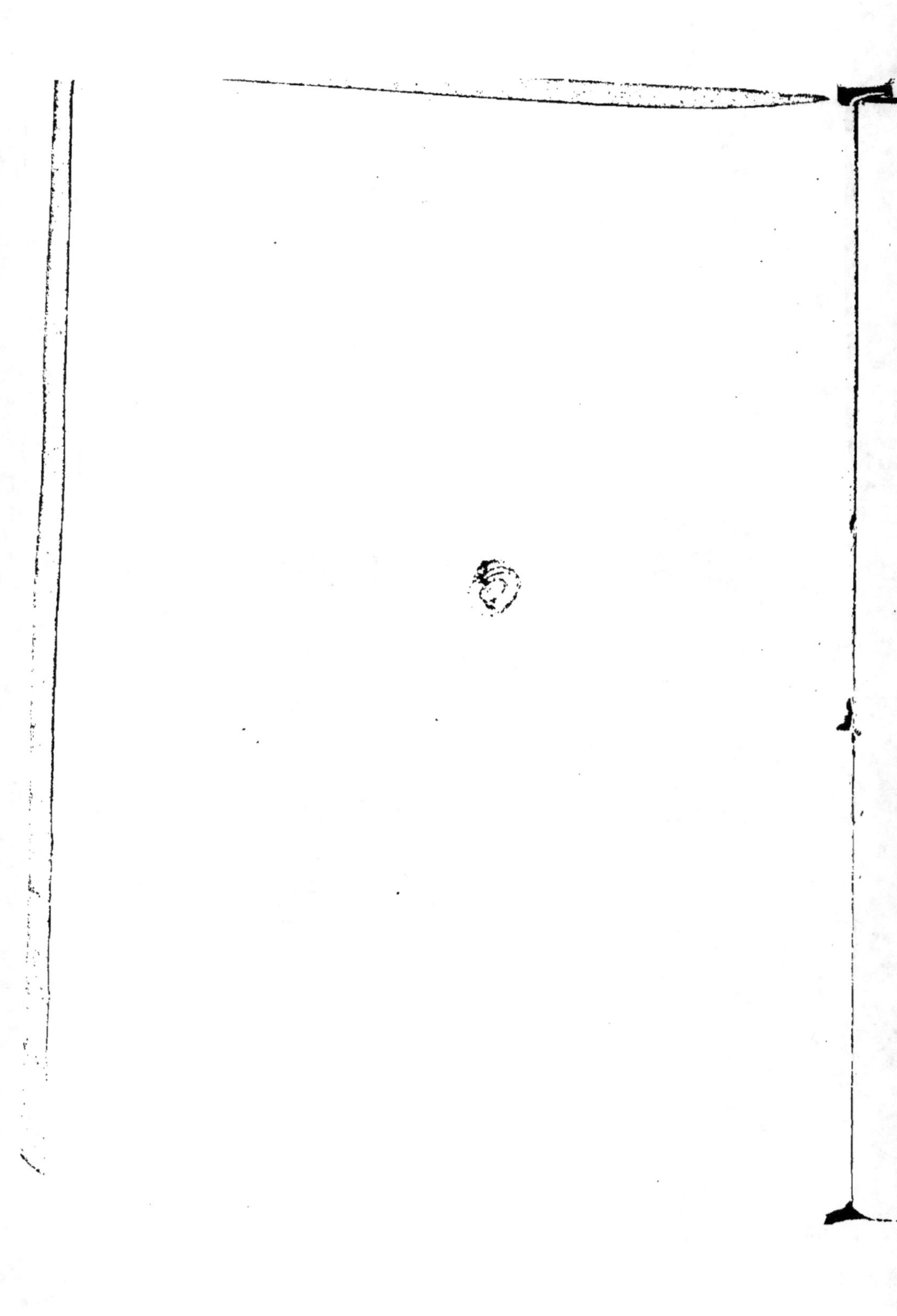

LA LANTERNE

INDUSTRIELLE

LE COIFFEUR

I.

Il n'y a pas encore bien longtemps que
nos pères, plus diligents que nous, rencon-
traient à la première heure, frétillant sur les
rares trottoirs d'alors, sautant les ruisseaux
ou emjambant les flaques d'eau de la chaus-
sée, de petits hommes remuants, affairés,
rasés de frais, dont le menton bleui, le teint

mat, les cheveux frisés et l'air important attestaient l'origine méridionale.

*
* *

Le chapeau battu par la vieillesse et l'orage, les souliers souriant avec une gaîté intempestive à l'intempérie de la saison et a l'inondation des chemins, ils étaient arrivés un beau soir, poussés par le vent du midi, comme des oiseaux voyageurs. Au plat à barbe qu'ils portaient en sautoir, à l'étui dont la silhouette se modelait en relief sur le côté droit d'une redingote peu fortunée, quoique d'un honorable embonpoint, au sourire ou à la chanson qu'ils avaient aux lèvres, il était aisé de reconnaître ces enfants gais et entreprenants qui, des plaines de la Provence ou des bords de la Garonne, venaient à pied chercher fortune à Paris, faisant œuvre de chirurgie, coiffant *à la mode du jour*, et rasant à poil et à contre-poil, au doigt

ou à la cuiller, suivant le désir et la bourse
du client.

*
* *

Une fois arrivé, il entrait comme apprenti
ou comme compagnon chez un maître, sous
les habiles leçons duquel il se perfectionnait
dans l'art de bien faire et surtout de bien
dire. Tout le savoir du barbier se réduit en
effet à un seul mot : « la Blague. » Peu im-
porte qu'il écorche son patient s'il a le talent
de le faire rire, et cela est tellement vrai que
raseur et blagueur sont devenus synonymes,
que M. de Villemessant se fait raser tous les
matins par Lespès, et que *le Figaro*, un raseur
aussi, lui, est le journal le plus répandu de
France.

* * *

Renaudot, le fondateur du premier journal
français ? un raseur.

— Un médecin, me direz-vous !

— C'est vrai ; mais de quoi se composait
son journal ? des nouvelles vraies ou fausses
dont il arrosait, le matin, la consultation de
son élégante clientèle; et il ne faut pas oublier
qu'au dix-septième siècle, médecins et barbiers appartenaient à la même corporation
de Saint Côme et Saint Damien et qu'il n'y
avait pas entre eux, à cette époque, plus de
différence qu'il n'y en a aujourd'hui.

* * *

A propos de blague, l'illustre marchand
de crayons, Mangin, racontait sur la place

publique cette histoire, que son fidèle Vert-de-Gris, le chef d'orchestre ordinaire de sa caravane, accompagnait de son orgue et de son témoignage :

« J'entends dans la foule, disait cet affranchi du préjugé, des gens qui m'appellent : blagueur ! ils ont cent fois raison : si, au lieu d'avoir un casque surchargé de plumes ridicules et une robe de velours vert chamarrée d'or, j'avais un chapeau et une redingote comme tout le monde; si, au lieu de débiter toutes les sottises qui me passent par la tête, je leur parlais sérieusement de la grande industrie qui me fait vivre et m'a permis d'élever honorablement ma famille, le vide se ferait tôt autour de moi; ceux-mêmes qui m'accusent ne seraient pas là pour m'écouter, et ils auraient peut-être bien raison : la blague, c'est la vie !

« Tenez, continuait-il, hier dimanche, je revenais de Saint-Cloud dans un compartiment de première; nous étions huit : un diplomate, un ministre, un évêque, un avocat, un médecin, un professeur, un journaliste et moi. En tout, huit blagueurs !.... »

*
* *

Ce parallèle si osé, si irrévérencieux, fut débité et toléré sous l'empire, aux quatre coins et au milieu de Paris, sans doute à cause de sa vérité grande.

Mais quittons ce marchand de crayons avec lequel nous nous sommes égaré quelque peu dans les sentiers fleuris du paradoxe et reprenons notre sujet que nous avions quitté pour un mauvais sujet.

II.

Tout plein de mon sujet, je me sens envahi par lui. Permettez-moi donc d'emprunter, pour quelques instants, l'instrument de mes héros et de vous raser à mon tour :

Dans les temps antiques, — vous voyez que cela commence bien, — en Grèce et en Italie, de même qu'en France au moyen-âge, les barbiers joignaient à leur spécialité la profession d'étuvistes ou baigneurs, professions toutes fort décriées par les tuteurs, les jaloux et les barbons de tous les siècles.

C'est ici qu'a sonné pour nous l'heure psychologique de confier à la curiosité du lecteur une découverte que nous avons faite, et appelée, croyons-nous, à jeter un jour tout nouveau sur l'histoire naturelle des poissons et.... des synonymes.

*   *
*

On sait avec quel soin jaloux les Grecs séquestraient les femmes, qui ne sortaient qu'une fois dans leur vie, le jour de leur mariage, pour aller du toit paternel à la maison de l'époux ; encore ne se montraient-elles au public que voilées et dans un char rapide, dont on brûlait l'essieu devant le seuil nuptial pour témoigner que la femme ne le franchirait plus.

On ne voyait au Céramique, — qui était le bois de Boulogne athénien, — que les hétaïres, les courtisanes et autres péripatéticiennes, qui venaient philosopher avec Platon, marivauder avec Périclès, causer du prix des denrées coloniales avec les riches marchands de Tyr ou des Colonnes d'Hercule, ou bien encore cueillir sur les murailles les déclarations foudroyantes qu'y déposaient les Gommeux du quartier de l'Acropolis ou les Crevés de l'Agora.

*
* *

Quand les Romains firent la conquête de la Grèce, ils offrirent ce curieux spectacle de victorieux adoptant le langage et les mœurs des vaincus, et de maîtres se faisant élèves, apprenant de la bouche de leurs esclaves les belles-lettres et la philosophie.

La claustration des femmes fut l'une des principales implantations étrangères sur le sol latin.

Il y eut donc à Rome, comme à Athènes, dans les maisons patriciennes, un appartement consacré aux femmes, sous la surveillance d'hommes spéciaux et inoffensifs, incapables de mésuser du dépôt confié à leur loyauté.

Ces fonctionnaires, dont le sacerdoce, malgré leur fidélité, ne pouvait être héréditaire, ne se trouvent plus aujourd'hui à l'état professionnel que comme geôliers des harems ou chanteurs à la Chapelle Sixtine.

Assez rares, comme on le voit, au physique, au moral le monde en est peuplé.

*
* *

Nul homme, hors le maître, ne pouvait donc pénétrer dans ce santuaire consacré à la fidélité des femmes, à la virginité des filles ! Nul homme, à l'exception cependant de l'Aquarius, mercenaire étranger, chargé d'apporter l'eau nécessaire aux ablutions et aux bains si chers à la volupté romaine; mais pour qu'il fût reconnaissable entre tous, il était vêtu d'un costume étroit et bariolé de couleurs, contrairement à la toge qui était flottante et monochrome.

Cet hydrophore, qui, sans sacrifice préalable, était admis dans l'intérieur du gynécée, était pour les dames romaines ce que devint depuis le porte-balle pour les châtelaines du moyen-âge, c'est-à-dire le seul lien qui existât entre elles et le monde extérieur. C'est lui qui apportait à ces tristes déshéritées de la liberté le nom du dernier gladiateur égorgé ou de l'histrion en vogue; le parfum nouveau venu d'Asie ou le dernier bracelet de Numidie. C'était encore lui qui, au retour de ses excursions dans un monde inexploré, enflammait le cœur des jeunes patriciens par le récit de charmes mystérieux. C'était lui qui se chargeait des présents et des tablettes parfumées qui, dans l'ennui de la solitude, venaient parler aux belles captives des eaux vives et des grands bois; et quelquefois, enfin, ouvrait à l'Amour caché sous l'habit de l'Aquarius la porte jusqu'alors inviolée de cet Olympe tant rêvé.

* *
*

L'Aquarius était le pivot autour duquel tournait principalement l'intrigue, peu développée du reste, de la comédie latine ; il est le père incontestable de ce joyeux Arlequin de la farce italienne, dont le plus clair du métier consiste à favoriser les amours d'un Pierrot et d'une Colombine quelconques, à la barbe d'un tuteur ou d'un fâcheux. Et s'il était utile d'appuyer cette opinion, je ferais remarquer que l'habit multicolore de l'Arlequin n'est que la reproduction du costume de l'Aquarius.

* *
*

La conquête romaine introduisit les Aquarii dans les Gaules, pays de guerriers, de prêtres, de savants et de poètes, auxquels l'usage des bains était complètement inconnu. Grégoire de Tours nous apprend cependant que, dans les premiers temps du christianisme, l'usage des bains était aussi commun en France, même parmi le peuple, qu'il le fut jamais dans la Grèce et dans l'Asie : on allait presque tous les jours aux bains. Saint Rigobert fit bâtir des bains pour les chanoines de son église et leur fournissait le bois — disent les écrivains du temps—pour chauffer l'eau. Grégoire de Tours, qui vivait au temps de Clovis, parle de religieuses qui avaient déserté leur couvent, parce que l'on se comportait dans le bain avec peu de décence; et le pape Adrien commanda au clergé d'aller se baigner processionnellement tous les jeudis en chantant les psaumes.

Les étrangers qui firent métier de baigneur et autres, à domicile, conservèrent leur nom italien auquel le moyen-âge, né malin, ajouta l'M euphonique.

⁂

A la suite des Aquarii vinrent les barbiers qui, comme font les pédicures de nos jours, tenaient boutique ouverte dans les étuves, à l'usage des délicats; et comme les devoirs de leur profession leur ouvraient toutes les portes et leur donnaient auprès des femmes des entrées interdites à tous autres, ils remplirent dans notre civilisation le rôle que leurs ancêtres jouaient à Rome, héritant du nom en même temps que des priviléges.

⁂

L'introduction des barbiers dans la famille y occasionna de tels désordres, que, sous les rois de la première race, une ordonnance fut rendue, qui autorisait les femmes à faire la barbe, s'appuyant sur ce que leur main souple, chatouilleuse et potelée, est plus propre que la notre à savonner les mentons, à tenir les rasoirs et à couper la barbe de près. D'après la même ordonnance, le premier jour de ses noces, une femme devait faire la barbe .à son mari ; cette clause était stipulée dans le contrat de mariage, et cet usage dura jusqu'au règne de Chilpéric, c'est-à-dire jusqu'à l'an 565.

Faire la barbe à son mari était également la plus grande marque d'affection chez les dames grecques ! et les historiens de la guerre de Troie, nous ont conservé la prière que la chaste Pénélope adressait aux Dieux pour obtenir le retour d'Ulysse : « Aussitôt son retour, leur disait-elle, je vous promets de raser son menton. »

Les femmes hellènes ne rasent plus aujourd'hui, et le métier n'est exercé que par les Grecs qui opèrent dans les cercles et les tripots.

*

Hélas, tout lasse, tout passe, tout casse! et malgré l'introduction des barbières au foyer domestique, l'ordre moral de cette époque ne s'en vit pas moins obligé de rendre un édit pour mettre un frein et un terme aux scandales de l'hydrothérapie.

Du même coup, les barbiers disparurent de la circulation; car à quoi bon se faire barbouiller la figure quand on n'a pas d'eau pour la laver? — et la France, en signe de deuil, se laissa pousser les cheveux et la barbe.

*
* *

Cependant des apôtres capillaires parcouraient les campagnes, démontrant à la population hirsute et broussailleuse que l'on ne pouvait, sans blesser les lois de la pogonologie, laisser plus longtemps son pauvre corps en friche; quelques sommités furent dépêchées au roi pour démêler la situation; ils lui dépeignirent à quels dangers s'exposait la noblesse française en entreprenant une croisade dans les pays orientaux, si elle continuait à porter ces cheveux et cette barbe de haute futaie qui, à peine en campagne, n'auraient rien de commun avec les forêts vierges; les seigneurs appuyèrent sur l'état de misère et de marasme dans lequel était tombée la capilliculture, et le roi, touché quoique chevelu, rompant avec tous les usages mérovingiens, se fit tondre et raser comme un caniche, un moine ou un cadet de famille!

C'est à ce propos que le roi Saint Louis dut l'honneur d'être proclamé le patron des perruquiers.

Depuis cette époque, jusqu'au règne de Louis XIV, un grand roi aussi, lui, et qui porta la gloire des perruques à leur apogée, depuis cette époque, disons-nous, un voile épais couvre l'histoire de cette corporation ichthyologique et ne se déchire parfois que pour montrer la figure d'un fantaisiste, d'Olivier le Daim par exemple qui, tout ami qu'il était du roi Louis XI, n'en fut pas moins un raseur de mauvais goût.

III

Les barbiers s'étaient noyés, emportés par
le flot où périrent les étuvistes ; les coiffeurs
revinrent sur l'eau triomphants à la suite de
Louis XIV, ce grand roi qui reconstitua dans
la monarchie française le règne des perruques inauguré par Mérovée.

Sous Louis XIV, les hommes chauves
étaient en grand honneur auprès des perruquiers, et cela se comprend, quand on
pense que quelques perruques, les blondes
surtout, atteignaient les prix fabuleux de
plusieurs milliers de francs. Depuis, ce res-

pect de la sainte Calvitie est bien tombé parmi nous ; de nos jours, voici un échantillon de la manière dont cela se traduit :

Plus de mouron sur la cage.

Plus d'herbe sur le pré.

Plus de paillasson sur son carré.

On voit le bois de sa brosse.

Plus de chapelure sur le jambonneau.

A la même époque nos dames portaient de hautes coiffures à tuyaux d'orgues, et si élevées, que la tête semblait être placée au milieu du corps, ce qui faisait dire à La Bruyère « qu'il fallait juger des femmes depuis la chaussure jusqu'à la coiffure exclusivement, à peu près comme on mesure le poisson entre la tête et la queue. »

Cependant les fabricants de ces engins frisés pour hommes et pour femmes, portés aux nues par la perruque de Chapelain, ne brillèrent véritablement d'un éclat *nec pluribus impar* que sous la régence de Philippe d'Orléans, prince ichthyologique et gunaïcophile, qui ne put cependant arriver à faire la fortune des perruquiers, tant était grande

la concurrence gratuite et acharnée que leur
faisaient les seigneurs de la Cour.

*
* *

Il faut avouer aussi, pour être honnête, que
les rétributions sont modestes là où le travail est facile; et il est certain qu'à cette
époque les négociations n'offrant nulle diffi-
culté, la diplomatie s'effaçait devant la
grande bienveillance des princesses, des dames de la cour et des Agnès de la province.

« Madame de Maintenon — dit le cardinal
Dubois dans ses *Mémoires* — jalouse d'imiter
et de surpasser Mme de Montespan, se jeta à
corps perdu dans la charité chrétienne et le
roi en paya les frais. Mme de Montespan avait
fondé à Paris une belle maison des Filles de
Saint Joseph, où l'on recevait toute la vieille
marchandise des amours. Madame de Maintenon, au contraire, ouvrit un asile à la vir-

ginité. Ce fut à cet effet que le roi fit bâtir le palais de Saint-Cyr qui pouvait contenir deux cent cinquante demoiselles de la noblesse à quartiers, après examen préalable ; ce qui fait que le nombre des pensionnaires ne fut jamais au complet. »

Saint-Cyr est encore de nos jours consacré à l'éducation de la jeunesse, mais la virginité ne figure pas au programme des conditions d'admission des élèves. Il est vrai que ces élèves sont de futurs officiers, ce qui ne peut que *militer* en leur faveur. c. q. f. d.

Avec Louis XV, surnommé le Bien-Aimé par une ironie de l'histoire, s'ouvrit l'ère véritable de l'architecture capillaire ; ce fut le premier roi qui fit parler la poudre.... à poudrer ; voilà pour l'armée de terre. Quant à la marine, elle était représentée par Joseph Vernet, grand amiral de la flotte à Versailles et dans les salons du Louvre. Le char de l'Etat, selon l'expression de M. Prudhomme, naviguait à pleines voiles sur l'Océan du tendre sous les ordres de Mmes Pompadour ou Dubarry, qui se passaient le gouvernail et nourrissaient alternativement de brioches les pauvres qui manquaient de pain ; les bords fleuris de la Seine et les gazons veloutés étaient émaillés de messieurs guillerets et pimpants en habit noir, en bas de soie et culotte courte, agitant une houpette de duvet de cygne qui les entourait d'une auréole parfumée et les couvrait de poudre. C'étaient les coiffeurs à la mode qui s'éparpillaient pour aller poudrer la maréchale ou accommoder Monseigneur, semblables à des poissons roulés dans la farine, frétillants et prêts à frire.

Ce fut alors que les débaptisant, on changea en celui de Merlan leur nom primitif qui bravait l'honnêteté, suivant la mode latine, et était devenu d'ailleurs d'une interprétation trop générale.

.˙.

Et maintenant que, comme étymologiste,
j'ai rempli mon devoir, que Pline-le-Jeune
et Ménage aillent se faire pendre; ils n'auraient jamais trouvé celle-là.

I V

Pendant la Révolution, le rasoir devint national et coupa quelques barbes qu'il ne fallait que rafraîchir ; beaucoup de têtes virent la savonnette, auxquelles un coup de peigne eût suffi, et l'on constata plusieurs cas de mort subite, pour avoir été rasées de trop près.

Il n'y eut guère que la Bastille de bien rasée.

*
* *

Sous la République et le premier Empire,

le rasoir fut remplacé par le sabre. Pour en amortir les coups, les bourgeois et même quelques régiments adoptèrent l'usage de la cadenette et des cheveux tressés, et c'est pour avoir négligé cette précaution que l'Europe entière fut rasée depuis Valmy jusqu'à Waterloo, où le perruquier Wellington nous démontra la supériorité, sinon de la trempe, du moins de la perfidie anglaise.

La restauration remit à l'étui le rasoir qui y sommeilla jusqu'au deuxième empire, époque à laquelle il fut réveillé en sursaut par ce cri prophétique : « l'Empire, c'est la Paix. »

Ce fut un beau réveil! Sans descendre des régions sereines de la politique, où il fut plus ou moins habilement manié par quelques maîtres et beaucoup de valets, le rasoir fit sa rentrée dans le monde intelligent du travail et du commerce et commença seulement alors à se créer, au point de vue pratique, cette situation qui le met aujourd'hui au niveau de nos industries les plus florissantes.

Le rasoir serait un ingrat, s'il n'était pas bonapartiste !

.·.

Parlons sérieusement :

Le monde entier subit aujourd'hui une royauté absurde parce qu'elle est absolue; le siége du gouvernement est à Paris.

Elle prit naissance en 1848, année transitoire qui nous servit la plus jolie collection de prétendants :

— Moi, disait l'un, je suis le neveu de mon oncle, et il criait : « Rébiplique, Rébiplique ! »

— Moi, disait l'autre, je suis l'oncle de mon neveu.

Le troisième ne disait rien, bien que seul il eût peut-être des droits, et comme personne ne prit la parole en son nom, il rentra dans sa coulisse fleurdelysée et disparut.

***

Enfin parut un quatrième compétiteur sur lequel on ne comptait pas , qui rallia tous les suffrages, et les classes dirigeantes acclamèrent Sa Majesté

LA MODE

souverain fantaisiste, ridicule et tyrannique, représenté par trois ministres irresponsables : le modiste, le couturier, et le coiffeur.

Le modiste est, en général, un être absolument nul, qui joue le rôle du mari de la reine.

Le couturier, de même que Pierre Petit —

encore un raseur — opère lui-même ; il prend mesure et essaye !

Pour les femmes du monde (il paraît qu'il y a des femmes qui n'en sont pas), le couturier n'est pas un homme, c'est un tailleur, et, à ce titre, toutes les privautés lui sont permises. Quelques duchesses affirment même, mais il ne faut croire que la moitié de ce que disent les duchesses, que beaucoup de couturiers, pour inspirer moins de défiance à leur clientèle, avant de se mettre à leur compte ou à leurs pièces, vont faire un pèlerinage à Constantinople ou au Pont-Neuf.

Les barbiers-perruquiers-coiffeurs, qui brillent au sommet de ce triangle de l'élégance, se firent la part du lion dans cette répartition des grades.

Comme les empereurs et comme les rois, on ne les distingua plus que par leur nom de baptême : ils s'appelèrent Félix, Virgile, Léon, Auguste, Ernest ; ils devinrent chimistes, parfumeurs, artistes capillaires, négociants en cheveux, posticheurs, peintres, maquilleurs et émailleurs. Quelques-uns se

firent magnétiseurs, spirites et masseurs. —
Et ta sœur !

D'autres affrontant le Collodion. peuplè-
rent de leur appel au peuple la quatrième
page des journaux, tandis que de moins
nombreux, ayant tous les courages, se firent
les émules des de Nurb et des de Foy dans
le vingt-et-unième arrondissemert.

C'est l'histoire des coiffeurs que nous al-
lons entreprendre d'abord, car c'est du seuil
de leur humble boutique que partit ce mouvement ascensionnel qui, d'un métier presque méprisé à son origine, a créé le grand
commerce, la grande industrie. le grand art
qui rayonnent aujourd'hui sur les deux
mondes que nous alimentons.

*
* *

Mais nous ne terminerons pas, sans con-
sacrer quelques lignes émues aux perruquiers que la muse a visités, depuis l'auda-

cieux qui voulut raser la vieille Mélpomène,
à titre de revanche probablement, et qui
l écorcha de telle sorte, que le bon Voltaire
lui dit « Faites des perruques », jusqu'à
Jasmin, le félibre inspiré, qui parfu-
mait et enchaînait de fleurs la jeune muse
gasconne, laquelle ne lui fut pas cruelle, et
se livra tout entière à ses baisers sonores et
vibrants.

La Grande Rue des Batignolles eut aussi
son perruquier poëte, ce qu'on appelait alors
un romantque à tous crins :

L'un surtout, ans surtout, poëte humanitaire,
Couvait le grand symbole en son front sans chapeau ;
Celui-là n'étaitpas, certe, un homme ordinaire ;
Car d'un gilet rop court, ne sachant plus que faire,
    Il s'en étaitfait un manteau.

Citons aussi un petit raseur, qui a fait assez
galamment son chemin, un jeune hidalgo
qui, forcé de quitter le rasoir pour le coupe-
choux, déserta son régiment sans permission
du colonel ; un goût trop prononcé pour la gre-

nouille, joint au plus profond mépris de la
justice militaire, fit qu'un beau jour il aban-
donna la France, sans changer de métier, car
de blagueur comme un perruquier qu'il était,
il se fit menteur comme un arracheur de dents
et alla, oublieux de son ingrate patrie, prendre
mesure de mâchoires musulmane. Espérons
que les lauriers cucillis par Samson dans les
champs philistins n'empêcheront pas ses
clients de dormir et que nous le retrouverons
lui-même frais, dispos et suffisamment éveil-
lé, dans notre prochaine brochure : *Le Den-
tiste*, où sa place est marquée d'avance avec
tous les détails qu'elle comporte

V

Avant la révolution de 1789 et la déclaration des immortels principes, les corps de métiers étaient enrégimentés et soumis à une discipline sévère. On commençait par être apprenti, puis l'on passait compagnon, et enfin maître, si, outre les protections indispensables à cette époque, on avait passé avec honneur un examen qui vous conférait la maîtrise après avoir prêté serment, ce que l'on appelait la jurande.

Le système de la maîtrise avait ceci de fâcheux, que les attributions de l'ouvrier tournaient dans un cercle fort restreint, ce qui était une entrave au développement de son art et de son industrie; mais il avait cet avantage, que nul ne pouvait exercer une profession sans avoir fait preuve de capacité et être responsable par suite de la marchandise ou de la consommation livrée.

Ainsi, — et c'était véritablement bien là l'âge d'or — vous pouviez entrer chez un restaurateur, sans encourir, comme aujourd'hui, le risque d'en sortir empoisonné ; ou chez un marchand de vin sans être soumis à la question préalable... de l'eau, chez un cordonnier sans être exposé à une prise de cors et à un emprisonnement de quelques mois dans la prison de Saint Crépin. L'on voyait enfin sortir de la boutique bleue des barbiers des gens écorchés, il est vrai, mais non entièrement décapités.

Les examens étaient sérieux, surtout pour membres du jury. Ainsi l'on comprend que pour l'examen d'un cuisinier, par exemple, il pût être cruel de déguster successivement trente potages ou trente godiveaux différents: exemple d'un courage rare de nos jours, quoique nous voyions encore aux concours du

Conservatoire des gens qui, sans être payés pour cela, avalent sans sourciller trente fois le même morceau... de piano ou d'un autre instrument désagréable.

L'histoire a conservé quelques spécimens assez curieux d'anecdotes racontées à l'examen d'admission à la maîtrise, pendant l'opération de la tonte ou de la coiffure. Le conteur devait nécessairement approprier sa narration à l'âge et à la situation du patient.

La première n'eût certainement pas trouvé grâce devant l'étiquette gourmée du roi Soleil, si le candidat n'eût eu l'esprit de la mettre dans la bouche de Madame la duchesse de Chevreuse, que Louis XIV avait en grande estime et qui avait des franchises illimitées. La seconde anecdote est attribuée à M. de Pluvant, ennemi personnel du cardinal Dubois, et racontée au joyeux prince de Vendôme, petit-fils de Henri IV. Cette notice biographique était bien telle qu'il la fallait pour réveiller l'appétit paresseux de ce prince original et blasé qui, restait quelquefois une semaine au lit, sous prétexte qu'il était tout couché pour le soir, qui vivait dans sa garde-robe et ne donna jamais audience que sur sa chaise percée. Voici à ce sujet un épisode absolument exact du temps où il commandait l'armée en Italie :

« L'évêque de Parme, envoyé par le duc, son maître, pour traiter avec lui, fut introduit avec un grand train de clergé, pendant que M. de Vendôme siégeait sur son trône ou trônait sur son siége, comme on voudra. On avança une chaise non percée au prélat déconcerté, qui commença une conversation en l'air :

— Monsieur le duc, dit-il entre autres choses, il me semble à votre visage que vous êtes échauffé et que le climat d'Italie ne vous est pas favorable.

— Vous ne voyez que ma figure, répondit

le duc, que diriez-vous donc si vous voyiez le reste ? Et, joignant l'action à la parole, il fit assister à une exhibition lunaire le prélat qui venait avec un mandat diplomatique.

— « Je ne suis pas de force à traiter avec vous, dit l'évêque en se retirant, je vous enverrai mon secrétaire. »

Et il lui dépêcha en effet le jeune Alberoni, que le duc prit en grande affection et auquel il déblaya la route qui le conduisit plus tard au Cardinalat et au Ministère.

* *
*

Première histoire :

« Ce matin, commença le candidat en savonnant du revers de la main le patient confié à ses soins, au petit lever du roi, Madame de Chevreuse racontait cette étonnante anecdote toute fraîche d'hier :

Le marquis d'Effiat, invité par Monseigneur du Maine à venir régler le pas d'une pasto-

tion qui fit monter le rouge à la figure de celui-ci et sembla le couvrir de confusion.

—C'est vrai, répondit naïvement M. d'Effiat; mais comment le savez-vous ?

— Ces grands diables de chiens, reprit le duc, s'étaient tellement familiarisés avec moi qu'au mépris des lois les plus élémentaires de l'étiquette, ils mettaient en circulation des bruits qui portaient plus au nez qu'aux oreilles, et, comme je ne pouvais savoir exactement d'où partait l'indiscrétion, je tombais indifféremment sur tous deux à bras raccourci, et leur inculquais à coups de cravache le respect dû à la descendance d'un grand roi.

Aujourd'hui, c'est vous qui avez commis le délit, et chacun d'eux croyant que c'était l'autre, ils se sont sauvés, comme s'ils avaient eu le diable à leurs trousses.

— Il faut un remède radical, dit le perruquier de l'art, et il tondit la pauvre petite, ne lui laissant qu'un mince tablier de cheveux qu'il rabattit sur le front en mèches assassines et éplorées : une perruque se chargea du reste ; ce qui fit que la malheureuse émondée avait l'air d'un enfant de chœur ou de ces grands gars Bas-Bretons auxquels les barbiers femelles de la campagne imposent la torture de la tonte, au moyen d'une écuelle mise sur la tête et dont les ciseaux décrivent exactement la circonférence.

Et se voyant si laide, comme la petite se désespérait !

— Ne pleurez pas, lui dit le coiffeur, allez ce soir au bois dans votre plus coquet équipage et dites confidentiellement à vos amies intimes que c'est la mode nouvelle importée de Russie par la princesse..... que vous voudrez, et, avant huit jours, toutes les femmes du Paris élégant seront aussi vieilles et aussi laides que vous.

Ce qui ne manqua pas d'arriver.

De nos jours ce fut de la folie, du dévergondage, une véritable orgie de chignons, de tresses, de papillottes, de frisons et autres incongruités; ayant usé, abusé de tout, on se fit coiffer *à la chien*, on teignit ses cheveux en rouge, en jaune, en noir, en blanc, en vert et en violet, comme la queue des toutous de teinturiers. L'assortiment des cheveux nécessaires à une dame du monde était renfermé dans un écrin *ad hoc* qui ne coûtait pas moins de 2,000 francs; et, sous l'empire, un journal de *High Life* déclara que, pour être admise aux réceptions de Compiègne et de Fontainebleau, il fallait qu'une femme pût prouver.... au moins quatre mille francs de dettes chez son coiffeur.

Cette folie des femmes est telle, qu'elle dépasse les bornes de l'imagination la plus extravagante : à l'époque de l'exposition universelle, on annonça qu'un roi nègre de Dahomey devait venir visiter Paris, amenant avec lui son sérail, composé de négresses que l'on disait merveilleusement belles et justifiant de tout point ce verset du Cantique des

Cantiques : « Je suis noire, mais belle, *Nigra sum, sed pulchra.*

A cette nouvelle, il y eut grand émoi dans les différents mondes de ces dames grandes et petites, et nos parfumeurs à la mode reçurent force commandes de poudre de riz..... au charbon.

*
*

Les coiffeurs, maîtres de la coiffure des dames, eurent le bon esprit de s'associer à des modistes, dont ils firent leurs femmes ; cette combinaison fit merveille : le moyen de ne pas arriver quand on tient les gens par la tête ! Le mari inventait des chevelures pour lesquelles il fallait des chapeaux spéciaux que la femme avait tout faits sous la main. Une autre fois la femme chiffonnait un *bijou de chapeau* qui renversait tout l'échafaudage de la coiffure à la mode et exigeait plusieurs kilos de cheveux, que l'on achetait nécessairement chez le mari.

****

Le commerce des cheveux, chez nous, a du reste toujours été l'objet de transactions considérables qui tendent encore à s'étendre; ainsi rien que par Marseille, c'est à peine si l'on recevait, il y a quelques années, de 10 à 12,000 kilog. de cet article par an, tandis qu'en 1871, notre importation de cheveux s'est élevée à 25,338 kilos.

Ces cheveux nous arrivent généralement de l'Italie et à l'état brut ; quelques quantités nous arrivent aussi de l'extrême Orient; les abondantes chevelures chinoises et japonaises contribuent aussi pour leur part à venir orner la tête de nos élégantes, qui s'affublent de plus en plus de faux cheveux.

Après Paris, c'est à Marseille que s'exécute la plus grande quantité d'ouvrages en cheveux, en ce qui concerne notre mouvement d'exportation.

Il est assez piquant de constater qu'après avoir dépouillé les têtes des filles de la campagne de la Sicile et de quelques autres contrées de l'Italie, nous renvoyons après les avoir ouvrés, les cheveux qui nous proviennent de cette source, dans le même pays, pour orner la tête des grandes dames et des élégantes qui, là comme en France, en Angleterre, aux Etats-Unis et en Allemagne, subissent le joug de la mode et des faux chignons.

Marseille compte également au nombre de ses débouchés, pour ses cheveux ouvrés, l'Espagne et l'Algérie; elle emploie ensuite pour les besoins de cette ville environ 4,000 kilog. de cheveux par an, dont un sixième est utilisé pour les perruques d'hommes et le restant entièrement appliqué aux postiches pour femmes.

* *

S'il faut en croire Châteaubriand, le commerce des cheveux, du temps des Romains, se faisait sur une très-grande échelle, s'il est toutefois possible de faire le commerce sur une échelle.

Dans le livre X des *Martyrs*, il nous apprend que l'Armorique, alors comme aujourd'hui, produisait une grande partie de ces matières premières : « Nos cheveux « sont si beaux, que les Romaines nous les « empruntent pour en ombrager leur têtes ; « mais le feuillage n'a de grâce que sur la « cime de l'arbre où il est né. Vois-tu la « chevelure que je porte ? Eh bien, si j'avais « voulu la céder, elle serait maintenant sur « le front de l'impératrice : c'est mon dia- « dème, je l'ai gardé pour toi. » (Velléda.)

Dans sa sixième satire Juvénal accuse les courtisanes d'avoir introduit cette mode en Italie, et Martial dans son livre VIII déclare que les Gaules approvisionnaient les dames romaines de leurs plus belles chevelures, modes contre lesquelles Tertullien (*de cultu feminarum*) et Saint Jérôme (Epistola VII), se sont élevés avec véhémence et indignation.

.·.

La Bretagne est encore aujourd'hui, surtout aujourd'hui, parcourue par des industriels de mauvaise mine, qui vont de foire en foire, portant une longue perche à deux bras, — comme une croix, — aux extrémités de laquelle flottent quelques foulards de coton et des chevelures malpropres semblables à des scalps de sauvages.

Ce sont des marchands de cheveux. Eh bien, quiconque a vu l'opération de la tonte pratiquée sur les femmes et sur les hommes mendiants qui portent les cheveux longs pareil à des fourmilières ; quiconque, après la coupe des cheveux, a vu faire ce que l'on appelle dans ce monde-là *la soupe des cheveux*, c'est-à-dire le passage à l'eau bouillante de cette marchandise remuante et nauséabonde, celui-là, je vous le jure, ne se laissera jamais capter ni séduire par l'emprunt des cheveux étrangers.

La toilette des femmes est comme la cuisine ; il ne faut pas savoir comment se font ces choses-là !

POUR PARAITRE PROCHAINEMENT :

LES DENTISTES

PHARMACIENS ET MÉDECINS

LE TAILLEUR

LE COUTURIER POUR DAMES

LE ET LA MODISTE

LE CORDONNIER

LES CALICOTS

LES VOYAGEURS DE COMMERCE

LES AVOCATS

LE MARIEUR, ETC.....

Cette nomenclature n'implique pas que les brochures paraîtront dans l'ordre précité ; mais on peut se faire inscrire à l'avance chez l'éditeur de la LANTERNE INDUSTRIELLE, et l'on recevra la brochure indiquée lors de sa publication.

Rue Duperré, 18.

PARIS.

Paris. — Imp. Richard Berthier, 18-19, pass. de l'Opéra.

* 9 7 8 2 3 2 9 6 8 0 4 7 7 *